산허리에 걸린 그림자

산허리에 걸린 그림자

김민경 제4시집

을지출판공사

| 시인의 말 |

엄마 앞에서
짝짜꿍을 하며 좋아하던 애기 마음으로
3집까지 시집을 출간했다.
시를 알아갈수록 겁 없이 출간했던 시집,
부끄러움에
엄마 치맛자락 뒤로 숨는 아이 마음이다.

자신과의 약속 이행으로 4집을 세상에 내놓으며
미숙한 시인의 발걸음을
한 발짝 내딛는 마음으로 세상에 내놓는다.
아기가 자라 어른이 되어 가듯
성숙해 가는 시인이 돼 가고 싶다.

2024년 한여름에

김 민 경

차례

Contents

Contents

Contents

Contents

제4부 비 오는 날 수채화

제 1 부

잃어버린 가을

때 이른 강추위
우아한 변신의
꿈을 꾸던 잎새는
구겨져 버린 자존심처럼
초라하게 말라 버렸다

꿈을 꾼다

콘크리트 옹벽 안에 갇힌
길 잃은 새
나~ 너~
창공을 높이높이만 날았다

비껴 갈 수 없는 세월
힘 있던 날개 깃털
듬성듬성 빠지고
껍질을 깨지 못하고
포장을 벗기지 못하는 허울
아직도 꿈을 꾼다

그 꿈에 손을 포개고
발을 포개어 날고 싶다
나지막이 보이는 비행을 하자

아름다운 산야가 보인다
산야에 물들어 가며
예쁜 단풍 옷을 입고 싶다

어느새

눈을 뜨면
제일 먼저 머리에 앉는다
함께한 시간만큼
밀어내는 시간도 길다

복사꽃으로 앉았다가
찬서리로 앉았다가
아직도 자리싸움이다

얼마나 더 시간이
지나야 하는지
미움보다 그리움으로
사진 속 미소가 더 좋다

이럴 거였으면
마음까지 하얗게
비우고 가지~~~

얼굴

이목구비의 반란이었다
간이 외출을 하고
백까지 합류한
완성을 꿈꿨다

조용히 탐색한 너는
탐스러운 한 송이
붉은 장미꽃 같았다

그러나 향기는
담장마다 피어 있는
덩굴장미다

담장을 휘감은
붉은 물결이
바다 같았다

잔잔한 그 바다에서
보석처럼 빛나는

물방울이고 싶었다

그러나 구름이
태양을 덮더니
비가 되었다

부소담악

맑고 상큼한 초록 잎들
처녀로 탈바꿈하는
열일곱 처녀 얼굴 같다

둥글둥글 마음이
통하는 친구 심희 인순 보경
넷이서 하루 여행길
부소담악

아카시아 꽃 밤꽃이
멀리까지 향기를 보낸다

추억 창고에서 꺼내
웃음보따리가 터지고
눈과 귀가 힐링 되는
여행길이다

구불구불 높은 산새와
절경들이 가는 내내 탄성이다

대청호 강줄기 부소담악
주상절리 같은 절벽이
강을 가로질러 섬을 이루고
장관을 이루는 풍경은
자연의 신비 극치다

배를 타야만 가는
미르 정원 낮은 산을
정원으로 가꿔 부소담악을
즐감하는 명소로 만든다

아름다운 부소담악
눈에 담고 가슴에 간직하고
벗들과 정을 새겨
추억 창고에 간직하고 싶다

새 친구

일 년이 다 되도록
목 인사만 나눴던
운동하는 사람들

먼저 말 붙이기가
쑥스러워 눈으로만
탐색하던 중 먼저
말을 걸어 준 애숙이
이름처럼 사랑이 넘친다

함께 강화 나들이
이야기보따리를
헤치니 사연 사연이
버들가지다

맑고 미소 머금은
얼굴은 공주마마인데
보따리 속은 강인한
어머니다

겹겹이 쌓인 사연과 시간

가을의 문턱에서
곱게 물들이는 노을처럼
주위를 아름답게 물들인다
그 노을에 내 그림자도
스케치하고 싶다

숙제

사랑하는 님 품속처럼
따뜻한 이불 속이 참 좋다
하루하루 순간순간이
숙제 같은 생활이다

귀찮고 핑계 대고 싶은
깊어 가는 가을의 길목
다시는 오지 않을 추억 같은 아까운 시간
순간순간이 그리움이고 추억이다

더디 가던 시간을 재촉하며
앞서 가던 유년의 시간
몇 번의 깜짝할 사이로
뒷걸음치고 싶은
아쉬운 시간이다

매일매일 순간순간
충실하게 즐기는
숙제를 하자

잃어버린 가을

온 세상을 얼음판으로
꽁꽁 얼린 바이러스
탐욕의 대가는 혹독한 고통이다

꽃샘추위부터 찜통더위까지

꿈을 꾸며 견뎌 온
인고의 시간들
아직 이른 준비도 못했는데

때 이른 강추위
우아한 변신의
꿈을 꾸던 잎새는
구겨져 버린 자존심처럼
초라하게 말라 버렸다

도둑맞은 꿈
다시 올 그 계절에
곱게 차려입을 꿈을 꾼다

출근 시간

오 분이 하루보다
더 숨 가쁜 시간
생활의 원천
일터로 가는 시간
일 분의 시간을
다투는 출근 시간

시민의 발 전철
콩나물시루같이
빽빽이 몸들이
밀착되어 옴짝달싹 못한다

때이른 에어컨이
시원한 바람을 뿜어내지만
사람의 열기로
찜질방에 온 것처럼
등에서 땀이 흐른다

삶의 현장은
총칼 없는 전쟁터 같다

자영업 소상공인들의
버거운 현실 힘겹다고
하소연했지만

호사 같은 일이다는
위안으로 일터로 향한다

사진

떨어지는 낙엽을
붙잡고 싶은
쌀쌀한 늦가을 날

따끈하게 군불 땐
구들장 아랫목이
그리워지듯이

솔깃이 큰아들 젖 먹이던
그 시절이 송골송골
땀 맺히듯 뭉글뭉글 일어난다

서랍 속 먼지 묻은
앨범을 꺼내
누렇게 바랜 사진을 보며
추억을 되새겨 본다

흑백사진 속 엄마는
아들을 꼭 안은 채

뽀뽀를 하고 있다

사랑스러움과 행복이
넘치는 웃음이 예쁘다

가장 행복한 모습
오래도록 머물고 싶은
추억이 달아날까 봐
꽁꽁 묶어 두고 싶다

둘레길

가파르지도 않고
지루하지도 않는
둘레길 산책이 참 좋다

손만 뻗으면 만질 수 있는
꽃들이 살랑살랑 반겨 주고
새들의 노래도 잘 들린다

높은 고갯마루가 없어서
더 좋다
수없이 넘어온 고개
다 왔나 싶으면 더 높은 고개
그렇게 그렇게
가을이 왔다

아기자기한 둘레길
아름다운 단풍잎 사이로
도란도란 이야기꽃 피우며
한가롭게 걷고 싶다

품

그 품은 안전합니다

누가 시기하지도 않습니다

보이지도 않습니다

그러나 그 품은 평안합니다

지치고 길을 잃고 헤맬 때

내가 안다 내가 다 안다

품어주시고 다독입니다

그 품이 소망입니다

밤길

세상이 온통
칠흑 같은 어둠입니다

변이 바이러스는 과학자들보다
한발 앞서 변이를 만들며
인간을 비웃습니다

미세먼지는 안개처럼
하늘을 덮어 숨쉬기조차
컬컬합니다

빛이 보이지 않습니다

가로등 없는 밤길을
가고 있는 것 같은 세상

보이지 않는 손
한 줄기 그 빛을
부여잡습니다

그 빛만이 밤길을
인도하는 빛입니다

그 빛을 간절히 간절히
두 손을 모읍니다

여기까지

두세 달이면 끝날 줄
알았던 코로나
예상치 못한
불빛도 없는 터널로
끝없는 수렁이다

보이는 수평선
평온함처럼 잔잔하다
원대한 희망으로
항해를 하고
작은 바람이 풍랑을
일으키고 보이는 것에
무너진다

보석 같은 주얼리에
속아 사는 여정
보이지 않는 너머에
있는 보석으로

표시가 없는 길
마음의 프레임을
복음으로 가고 싶다

그리운 얼굴

새해 첫날 아침
복 많이 받으세요
덕담으로 마음을 전한다

음식이 귀하던 시절
소고기 국물에
떡국 끓여 삼대가
둘러앉아 최고의 만찬처럼
먹었던 그리운 얼굴들

입맛 다시며 맛있게
먹는 소리가 들리는 것 같다

보고 싶은 얼굴들
그리움이 물결처럼 인다

한상에 둘러앉아 먹던
밥상이 이벤트가
되어 버린 요즘

아들들에게 앞으로
일주일에 한 번씩
같이 밥 먹자 주문한다

떡국을 먹으며
한 살 더 먹은 나이만큼
넉넉해지고 싶다

기도

보이지 않는 길
빛이 없다
사방을 둘러봐도
막힌 담 같다

황량한 광야에
갈 바를 알지 못한
막막함

볼록렌즈같이
모아지는 것
작전명령의 통신 기구
같은 것

불안과 염려
무기력한 나락에서
기도는 볼록렌즈처럼
모아 모아 하늘에 올리는
무전기이다

생명력

시멘트 포장이 덮인 주차장
흙먼지가 쌓인 구석
이름 모를 풀이 자라고 있다

차량 바퀴에 짓이겨지고
만신창이가 되어도
생을 놓지 않는다

뿌리내릴 흙도 보살펴 주는
손길도 없는데 굳건하게
성장을 한다

온실 속 화초 같은
나약한 정신으로
비틀거리는 사람들

끈질긴 생명력으로
살아가는 작은 풀 앞에
나약한 정신력이 부끄럽다

묵은 정

백마 탄 왕자를 꿈꾸며
설렘으로 장만하며
행복했던 혼수 준비품

버리려고 하면
소곤소곤 들려오는
사연들 버리지 못하고
장식장 밑바닥에
쌓아 두었던 살림살이

장가가는 아들에게
살림을 내주니
엄마의 묵은 살림을
폐기한단다

버려지는 살림살이
눈물이 흐르고
웃음도 보이고
우정도 쌓였던

사랑이 주렁주렁
흔들린다

마음 한켠에 싸한
아림이 스미는 건
가을이 깊어서인가
묵은지처럼 푹 익었던
정 때문인지
폐기물 봉지가 밉다

보내는 마음이
비가 될 것 같다

부적

시간이 거꾸로
흐르는 것 같은 장터
강화도 대룡마을
교동 시장

작은 점포들
아날로그의 상품들
시간이 멈춰 있다

관광 상품이 된 옛 장터
골목에 자리 잡은
사랑의 징검다리가
되어 준 명소

낡은 시설
꾸밈이 없는 소박한 내부
평범한 아낙이 파는
쌍화차 하루 백 잔만
판매하는 허름한 다방

문 열고 들어간 순간
탄성이 저절로 나온다

사방을 둘러싼 쪽지들
빨강 파랑 노랑 형형색색의
부적 같은 사연들이
겹겹이 붙여진
소망 희망 언약들
속곳에 넣어 둔 부적 같다

코로나로 지쳐 있는 심신
쉼터가 된 궁전 다방
소망과 희망을 걸어 놓는다

최고의 애장품

옛날이야기 같은
시골의 오일장터
생필품 사러 가시는
엄마를 따라나선
열 살짜리 딸 신이 났다
엄마는 생필품과
흥정이 오가는데
딸의 관심이 한곳에 꽂혔다

검은색 바탕에
화려한 큰 꽃무늬가 있는
잠바 눈이 휘둥그레
가자고 재촉하는 엄마
딸은 잠바 옷 앞에서
사 달라는 무언의 시위
미동을 안 한다

쌀 한 가마 값이 넘는 가격
엄두가 나지 않는

시골 살림살이 엄마는
단호하다

딸은 아예 옷 앞에
앉아서 떼를 쓴다
달램과 혼냄을 반복하시던 엄마
사랑에 항복하시고 만다
몇 번을 나눠 주기로
외상으로 잠바를 딸에게 안긴다

철없는 딸은
뛸 듯이 기쁨으로 옷을 입는다
최고의 애장품이 된 그 잠바
으쓱해진 걸음으로 자랑을 다녔던
딸을 보는 엄마의 무거운 어깨가
보이는 듯한데

먼 기억 속에서 그 꽃무늬가
엄마의 얼굴로 다가온다

발자국

소복이 쌓인 눈 위에
깊숙이 찍힌 발자국
자신만만해서
힘주며 걸었던 발자국

비틀거리며 걸었던
방황의 발자국
힘 빠지고 지쳐서
흐느적흐느적 걸었던 발자국

두 발에 차꼬가
채워져 무겁게 무겁게
걸었던 발자국마다
새겨진 사연들

깨끗한 하얀 눈 위에
예쁜 신을 신고
사뿐히 걷고 싶다

미세먼지

온 세상이 안개처럼
회색으로 덮여
앞산이 보이지 않는다

무엇을 위한 문명인지
사람을 위한 문명이
생명을 위협하는 무기가 된
숨 쉬는 것조차 컬컬하다

창조주의 은혜로
공평하게 주어진 공기조차
반역하는 세상
자연의 노함이 두렵다

지구의 아름다운 동산
상생의 마음으로
손에 손잡고 춤추며 노래하며
아름다운 강산에서
우리 함께 걸어가기를

춘분

낮의 시간이 길어져 가고
농부들 발걸음이 바빠지는
하늘과 땅이 태동한다

강남 갔던 제비는
돌아올 채비를 서두르는
분주한 날갯짓이 시작된다

부지런한 목련은
옷도 입지 않은 채 꽃을 피우고
찬바람에 꽃잎은 하얗게
추위를 탄다

겨우내 움츠리며 기다렸던
나무들처럼 눌러두었던
봄처녀 가슴에도
방망이질이 시작된다

꽃놀이 동산에서
눈길 마주치며
하얀 치아 드러내고
소녀 마음처럼
걷고 싶다

춘분 불쏘시개처럼
불을 지핀다

찻잔

장미 꽃잎 모양
순백의 앙증맞은
작은 찻잔

잔잔한 차 속에서
조용히 미소 짓던 얼굴
기도하는 아내 얼굴이
아른거린다

젊은 여전도 회원들
노련하지 못한 삶 속에
갈등의 제목들로
기도하던 얼굴들

눈물짓던 고난도
하늘에 올리는
기도로 위로받았던 기억
희미한 흉터 자국 같다

삼십여 년 전 기념으로
받았던 찻잔

그리운 얼굴들
젊음의 열정과
기도 소리 들리는 것 같은데

희끗희끗 탈색된 옷감처럼
먼 기억 속으로 바래져간다

내린 순한 커피향이
순수했던 그때
올렸던 향기로운
기도 같다

카멜레온

군중의 환호와
박수에 환하게 웃는다

무대에서의 화려함
군중 속에서의 고독
무대 뒤 외로움과 고독

SNS에 몰입을 하고
괜찮은 척 포장을 한다

내면의 두 인격
지킬 박사와 하이드
방이 좁다

성냥갑 같은 머릿속
뼛속까지 파고든
추위에 떤다

카멜레온의 모습을
벗기고 메타인지를
아는 것

상처투성인 속을
능력의 창조주께
맡기고 비밀을 고백한다

헬스장 가는 길

따뜻한 이불 속을
파고들며 오 분만 오 분만
늑장 부리는 아이처럼
시계 분침과 신경전을 한다

바람 불고 춥다는데
머릿속에서 이유가 줄 선다

몇 번의 줄다리기를 하다
숙제해야지
주섬주섬 챙겨 입고
집을 나서는 순간
상큼한 찬 공기가
폐 깊숙이 기분을 업 시킨다

잘했어 잘했어
칭찬하며
경쾌한 발걸음으로
헬스장을 간다

착한 거짓말

오랜만에 만난 친구
너는 세월을 거꾸로
사는 것 같다
너도 십 년은 젊어 보인다

너스레를 떨며
한바탕 착한 거짓말로
기분 좋은 수다가 이어진다
눈 밑 주름과 목주름
세월이 고스란히 쌓여 있다

다들 할머니 바보가 되어
손주들 이야기로
시간 가는 줄 모른다

선한 거짓말이지만
만개한 할미꽃들처럼
환하게 웃는다

옹기 항아리

고려청자 같은
값진 장식을 위한 그릇
잘못 다루어 깨질까 봐
쓰기 편한 막그릇
삼시 세끼를 사용한다

이빨 하나가 빠져도
개의치 않고 쓴다
식구들과 친근한 벗 같다

투박하고 볼품없는
큰 옹기 항아리
오래오래 묵힐수록
깊은 맛을 발효시키는
된장 간장 항아리
숨을 쉬고 여백이
넉넉해 보여서 좋다

꼬마들 술래놀이에
숨을 수 있는 아이들
놀잇감이다

예쁘고 값진 청자보다
세간살이와 진한 맛을
발효시키는 그릇처럼
노후를 물들이고 싶다

고구마

수수깡을 엉성엉성
엮어 만든 고구마뒤주
윗목에 집을 만든다

겨우내 점심 끼니로 먹던 물고구마
쌀이 귀한 시절
쌀 대체로 끼니를 늘려 먹던
먹기 싫어 투정을 부렸다

쌀보다 더 비싼 몸값
웰빙식품 다이어트
식품으로 귀한 대접이다

종류도 다양하다
밤고구마 호박고구마

속이 노란 호박고구마를
구워 한입 베어 물면
꿀 버금가는 달달한 맛에

탄성이 절로 난다

어릴 적 겨울밤
삼삼기를 마치고
밤참으로 먹던 고구마와
동치미 그 맛이
침샘을 자극한다

할머니

삼삼한 왜간장에
깨소금 한 숟갈
고소한 참기름 두세 방울
쓱쓱 비빈 하얀 쌀밥
침이 꿀꺽 넘어간다

할머니와 같이 살고 있는
작은집 아이들에게만
먹이는 밥 내게도 차례가
오리라 기다려 보지만
비워져 가는 밥을 보며
눈물 삼켰던 목멘 그 밥
할머니가 된 지금도 선하다

재롱둥이 손주들
쉬하는 모습도 이뻐 보이는
손주 바보가 할머니인데

반세기가 넘게
흐른 세월인데도 그 밥과
할머니는 베인 상처다

할머니 왜 그러셨는지요?

사랑의 밥상

일상의 집밥이
특별한 밥이 되어 버린 세태
배달음식이 상을 채우고
인스턴트 음식이 일상화된 세대들

엄마의 손맛
아내의 정성이
멀어진 바쁜 생활
어떤 행복을 좇는 것인지
보글보글 찌개 끓이고 생선 굽고
조물조물 나물 무쳐
차려진 사랑의 밥상
겸상해 본 지 까마득하다

깊어 가는 가을
따뜻한 구들방에서
소박한 밥상에
구수한 숭늉
차로 마시고 싶다

제 2 부

언덕 위 하얀 성

말없이 가만가만
등을 토닥이는 사랑의 손길
그 품에서
긴 잠을 자기까지
행복한 꿈을 꾸고 싶다

밀당

가마솥 밥처럼 시간이 걸린다
초벌을 끓인 다음
센 불을 재로 덮어
밥이 타지 않도록
은근히 오래 뜸 들인다
인고의 시간
윤기 자르르
구수한 밥이 된다
아버지 사랑 같은
가마솥 밥을 먹고 싶다

그와의 밀당
뜸 들이는 밥처럼
맛있는 밥상을
준비하는 시간이다
구수한 밥 냄새
코끝에 달리고
오붓한 겸상을
꿈꾼다

변해 가는 그리움

식어 버린 찬밥처럼
뜨거웠던 가슴도
싸한 바람입니다

소리 내어 울지 못하고
속울음 삼켰던 눈물도
말라가는 논바닥이 되어 갑니다

밤새 뒤척이며 별을 세던
그리움도 여명 속으로
사라져 갑니다
목 놓아 울고 싶었던
그리움이 쓴 약이 되어
구석 한켠으로 밀려납니다

오한에 몸살을 앓고 난
몸처럼 훌훌 털고
맛있는 한상 정식을
먹고 싶습니다

취객

지구촌 한 곳에선 전쟁
국익을 위한 견제
당리당략을 위한 정쟁
흙탕물 같은 세상사

세상사도 정수기 필터로
걸러 낼 수 있었으면
계절도 날씨도
술 취한 취객 같다

꽃이 피고 따뜻한
햇살이었다가
냉랭한 찬 기운으로
꽃들을 떨게 하고
오락가락이다

변덕쟁이 아이처럼
분별없는 세상사
일상이 고달프다

우주의 환란

뿌리가 뽑히는
강한 바람
우주의 환란이었다

젖 먹던 힘까지
모아 모아 제자리
고요한 숨 고르기
별빛이 한 움큼 반짝
내려앉는다

사철 푸른 나무에
걸어 놓고 싶다

골목에서 불어오는
바람이 흔들어 대도

흔들리지 않는
아름드리나무
그 나무이고 싶다

등굣길

건널목 신호를
기다리는 사람들
할머니 할아버지
아빠 엄마

손잡고 등교하는
초등학생들
3, 4학년은 돼 보이는
아이도 손잡고 있다

어른도 아이도
바쁜 등굣길이다
어쩌다 혼자 서 있는
학생은 외톨이 같다

세상이 험한 것인지
과잉보호 하는 것인지
온실 속 화초로 키우는 것 같다

초등학교 시절 5킬로가
넘는 산속 길을 다녔던 기억

풀벌레가 놀잇감이고
도랑물에서 가재 다슬기 잡으며
가재 집게발에
물려 울었던 소싯적

칡넝쿨 찔레가 간식이었던
그 시절이 동화 속 이야기 같다

어버이 주일

5월 둘째 주일
어버이 주일로 섬기는
주일날
교회 입구에서 단정한 청년들이
조화 카네이션꽃을 달아준다
잊고 살았던 부모님
생각이 난다

어떤 때가 되어야만
챙겨 드리는 자식이었던
작은 선물과 용돈을 드리면
흐뭇해 하시던 부모님
항상 계실 것 같았던 부모님
가신 지도 기억마저
희미해져만 간다

가을걷이에 와 있는
자리에서
자식이 손주가

챙겨 주는 특별한 날에
느끼는 기쁨과 서운함이
오늘따라 어머니 모습이
밟혀옴은

못다 한 효도
때문에 밀려오는 후회인지
그 자리에 서 있는
지금 때문인지 마음이
뒤섞인다

겁쟁이

등 뒤로 숨어서
눈만 빼꼼히 본다
빛을 빛으로 보지 못하고
어둠 속에 가두려는
벗지 못하는 허울
끝자락에 걸린 빛
어둠 속에 묻힌다

혹독한 추위는
봄이 오고 있다는
희망을 꿈꾼다
구름이 태양을
덮어도 포기할 수 없는

밤이 깊을수록 여명이
가까이 와 있듯이
태풍이 지나가면
일곱 색깔 무지개는
찬란하다

구멍 난 마음

몰래 숨어든
밤손님 같은 마음
철조망 같은 방어벽을 치지만
그 벽을 넘고 만다

초대받지 않은 손님처럼
홀대하려고 해도
스펀지같이 스며들어
떡하니 중심에 자리한다

어찌할 수 없는 이 마음
하늘을 향해 하소연
해 본다

나침반처럼 바른길을
안내해 달라고

피자 놀이

밀가루 반죽같이
말랑말랑한 슬라임
여섯 살 한희 장난감
반죽을 치대고 늘이고 주무르고
사뭇 진지하다

피자 만드는 놀이란다
한참을 반복하더니
장난감 전화기로
네, 네. 피자 100개 주문이요
주문이 밀려 있으니 좀 기다려 주세요
목소리를 무겁게
사장님답게 답하는 모습이 제법이다

한희 사장님 같네!
사장님 할 거야?
네, 네. 힘차게 대답하는
손주 한희 모습에
하얀 웃음을 선물받는다

카네이션

여덟 살 손녀 별희가
어버이날 선물로
만들어 준 초콜릿
카네이션꽃

할머니 사랑해요
서툰 글씨로 팻말까지
꽂아 놓았다
생화, 조화로 만든
카네이션꽃과는 다른
시대적 감성이다

달달한 초콜릿 맛이
나이 들어 할머니 이름으로
맛보는 상큼한 행복이다

오래 두고 조금씩
행복을 맛보고
간직해야겠다

사람 사는 곳

가깝고도 먼 곳
걸어서 갈 수 있는 곳을
하늘을 날아야 가는 곳
이상한 나라

외계인이 살고 있는 것처럼
괴리가 있는 곳
우리와는 물과 기름처럼
섞이지 못하는 이질감

무엇이

어머니의 진통 같은 아픔
아버지 바위 같은 눈물
형제자매의 애틋한
보고픔을

이념이 무엇이기에
끊어진 다리인가

그곳에도 우리와 같은
사람이 사는 곳일진대

하늘 길이 아닌
걸어서 손잡고
갈 수 있기를 보이지 않는
손에 간절한 여망을
담아 올린다

바꿀 수 없는 숫자

앙! 앙! 앙!
힘찬 울음소리
안식처에서 세상 속으로
내동댕이쳐진 설움

이렇게 이렇게 세상을
움켜쥐어 보자고
두 주먹 불끈 쥐었다

0에서 9까지 숫자 중에서
앞뒤 위아래 어떻게 해도
바꿀 수 없는 숫자
팔자이다

타고난 운명 팔자는
정해진 불변인가?

팔자를 둘러싼 조연
숫자가 더 많이 있지 않은가

때론 주연보다 조연이
더 주목을 받는다

조연을 많이 붙인 것은
고치지 못한 팔자를
조연을 개발해서 주연을
능가하라고 부여받은
보너스다
보너스는 받으면 기쁘다
그 보너스로 주연을
꾸미자

엿가락

구멍이 송송 뚫린
하얀 엿가락
오일장날이면 신문지에
돌돌 말아 사 오셨던 엄마

동생들 몰래 살며시 불러
나에게만 주셨던 어머니
그 사랑이
송골송골 맺힙니다

구멍 뚫린 마음이
엿가락 구멍만큼이나
휑합니다

하늘 계신 어머니
그 사랑에 보답할 길 없습니다
빨간 카네이션꽃을
한 아름 천국 열차로
보내 드립니다

그림자

밀물처럼 어느새
머리까지 잠겨 온다
헤엄칠 줄 모르는
맥주병처럼 물결에
허우적거린다

회오리 물살에
버티지 못하고
수장되고 만다

놓아 버린 해탈에
둥글고 큰 바위에
쉼을 얻는다

썰물이 되고
따뜻한 햇살 내리고
바람이 손 내민다

정겨운 그 이름

소복이 눈 쌓인 겨울밤
살얼음 살짝 언
이가 시리도록 찬 동치미에
달달한 물고구마 밤참 먹으며
순박한 시골 처녀들
달빛 벗 삼아 마실 다녔던
호롱불 그을음
얼굴에 지도 그리던 때

옥순이, 영자, 순자, 복자
청정지역 산소 같은 이름
깔깔거리던 웃음소리 들리는 듯

할머니인 지금 초등학교
4학년 담임선생님과
통화할 때면 옥순아, 옥순아 반갑다
여전히 그 눈 큰 아이
옥순이다

선생님 하숙방에서의
하룻밤 팔베개
손녀딸 별희를 팔베개
해 주며 그날 밤 팔베개
행복을 소환 별희를
꼭 안는다

언덕 위 하얀 성

깊은 잠을 잔 것 같은데
새벽 4시
미명도 창에서 멀다

긴 겨울잠에서 깨어나
울어 대는 개구리
울음소리 같은 이름 모를
풀벌레 소리가
고막을 때린다

쉬지 않고 울어 대는 소리에
몇 번의 집을
지었다 헐기를 반복한다

바람 소리 새소리가
아침을 여는
한적하고 앞이 훤히 보이는
숲 속의 하얀 집에서
목화솜 이불 같은

따뜻한 넓은 품속

지그시 바라보는 눈빛에
엄마 품을 파고드는
젖 먹는 아기가 되어 본다

말없이 가만가만
등을 토닥이는 사랑의 손길
그 품에서
긴 잠을 자기까지
행복한 꿈을 꾸고 싶다

성자의 마음

얼마나 많이
바람을 맞아야
가시가 없어질까

엄동설한 혹한의
칼바람에 베이고
천둥 번개에 벼락 맞은
대추나무처럼 데이고

손톱에 박힌 가시처럼
생채기를 내어도
여전히 그 자리에
머무는 시간

성자의 마음
바람에 물어본다

노을 그리기

해맞이 정상에서
멀리 보이는 붉은 노을
천상의 세계 같다
화폭에 담으려 붓을 든다

타고난 재능이 없는 것인지
배우지 못한 탓인지
엉뚱한 그림
화선지를 찢고 또 찢고

그림을 완성하려는 욕심
머리가 지끈지끈
조용히 심호흡을 하고
화선지를 잡은 손끝이
여전히 흔들린다

혼신의 힘 다해
아름다운 노을 그림을
완성하고 싶다

호주머니

옷 속에 감춰진
은밀한 창고
드러나 있지 않아도
쓰임은 유익하다

한겨울 꽁꽁 언 손을
녹여 주기도 하고
소중한 것을
보관하기도 한다
보이고 싶지 않은 것을
감춰 주기도 한다

사랑을 담으면
따뜻한 온돌방이 되고
미움을 담으면
죄를 잉태한다

심술을 담으면
너와 내가 수렁에

빠지지만
희망과 소망을 담으면
독수리 날개 치며
올라감같이

더 높은 곳을 향하여
올라가는 사닥다리가 된다

믿음 소망 사랑 희망
주머니를 앞뒤 곳곳에
달아야겠다

정년

혈기 왕성한 이십 대 후반
겁 없이 도전한 음식점
삼 년만 하겠다며
꿈을 설계했다

걸음마 연습하는
아기같이
어설픈 손님맞이
가끔은 손님의
억지 태클에 화장실에서
서러움에 눈물 흘렸던

새내기 시절이
그리 오래되지
않은 거 같은데
어르신 나이
통념의 정년이 지났다

넘치던 열정
웃고 울고 풍부한 감성
아직도 청춘 같은데
정년이라고 여기저기서
소리를 한다

막을 수 없는 정년
감성의 시어를 낚는
낚시를 하고 싶다

군남 홍수 조절 문

평화롭게 유유히
흐르는 임진강

남과 북이 한줄기
젖줄처럼 하늘이 준
축복의 물줄기

물은 아무것도
묻지도 따지지도 않고
유유히 흐르는데

이념이 들어가고
욕심과 분쟁의
독약을 넣어
무기가 된 물

생명의 근원을
독으로 사용하는
안타까운 군남 홍수 조절 문

평화와 사랑 배려를
넣어 어둠을 밝히는
수력발전소 만들어

남북이 형제 같은
사이좋은 이웃사촌이
되었으면

변곡점

아름드리나무가
뽑히는 태풍 같은
삶과 죽음의 갈림길
천 길 낭떠러지
한 발만 내딛으면 암흑이다

찰나의 강렬한
한줄기 빛 눈이 부시다
그 빛에 어둠은 도망친다

예상 못한 비밀
빛의 축복은
변곡점이 되어
안전한 장막이 드리워진다

포근한 그 장막에서
빛과 손잡고 소망을
걸어 놓다

그리팅맨

연천 북한이 이웃
동네같이 보이는
산꼭대기 옥녀봉
10미터도 넘어 보이는
건강한 청년 조형물이 북한을
바라보며 절하고 있다
서로 존중하며 배려와
예의로 화평하자는 의미란다

십오 도 각도의 깍듯한
존중의 예
믿음의 떡잎이 나고
무성한 잎 피워
큰 줄기 아름드리나무 되어
그늘 만들어
붉은 물결 파란 물결 어우러져
강강술래 놀이하며
목청 높여 합창할 수 있는 날
소망해 본다

별명

이름보다 더 정겨운
왕눈이 소눈깔
소싯적 바로 밑 남동생이
놀리던 별명

한바탕 전쟁이 벌어진다
혀를 날름거리며
도망치는 동생을 잡으려
씩씩대며 소동이 일고
어머니 고함 소리에
휴전이 된다

희끗희끗 세월의
무게가 겹쳐 있는 모습
애잔함이 밀려온다

장난기가 발동하면
놀려 대던 왕눈이 소눈깔

그리움이 된
시골집 마당에 핀 봉숭아꽃
손톱에
빨갛게 물들이고 싶다

구름 속 정원

높은 하늘
가을이 익는다
따끔따끔한 볕이
머리를 쪼아 대고

청명한 하늘에선
솜털구름이 대궐 같은
기와집을 짓고 손짓한다

상상의 날개 펴고
구름 속 집으로 들어간다
마술사 구름은 금세
집을 허물어 버린다

허상에서 깨어나
보이는 산 아래 작은
집들이 쉼을 준다

제 3 부

그 바람이 그립다

그 바람에
여전히 흔들리는 상념들
그리움이
봉긋한 무덤이 된다

가면

너그럽고 인자한 얼굴
덕이 많은 훈훈한 모습
은은한 들꽃 향
폐 깊숙이 들이마시고 싶은
향기 뿜뿜

닮아가고픈 노년
은은한 향기에 취한다
중후한 말솜씨
해박한 지식
멋진 조각 작품 같다

맑은 햇살 담은
고운 단풍
눈길을 사로잡는다
책갈피에 넣어 두고두고
밀어를 나누고 싶다

바람에 벗겨진 가면
구두쇠 스크루지 영감
감춰진 날선 칼날에
베일 뻔한 진실
들켜 버린 칼날에
진실이 아프다

아가페 사랑

아버지 유산 미리 받아
허랑방탕 모두 탕진한
탕아 아들

모든 것 잃고
돌아오는 아들
아직 도착이 먼데
달려가 가슴에 품는 아버지

송아지 잡고
잔치를 베푸는 사랑
머리로 가슴으로
무엇으로 품을 수 있을까

어쩔 수 없는 사이
존재만으로 사랑하는 마음
그 사랑 위로 치유
어둠에서 빛으로!!!

오붓한 밥상

성큼 다가온 겨울 문턱
바람이 얄미운 불청객이다
따뜻한 이불 속이
배부른 아이처럼 참 좋다
늑장 부리며 일들을
밀어내고 베개와
밀착 포옹을 한다

겨울이 발을 묶으면
보글보글 뚝배기에
구수한 된장찌개 끓여
윤기 자르르 군침 돋는
쌀밥 짓고 굴비 한 쌍 구워
님도 한입 나도 한입

사는 게 별거요
이것이 사는 맛이지요
행복을 먹는 겸상을
차려 본다

성지

부끄럼이 남아 있는
새댁기
이십 대 후반 음식업에
뛰어들었다

까칠한 손님 태클에
눈물 훔치던 속상함
IMF의 혹독한 불황
남편과의 골 깊은 갈등 아픔
아이들의 방황과 반항
코로나 전염병
생명의 위험에서도
성지처럼 지켜 온 터전

가을로 접어든 세월
며느리에게 대를 잇는
수순을 밟으며

바람 든 무 속처럼
허허로운 심사
굳게 지켜 온
성지를 빼앗긴 것 같음은
성숙이 덜된 탓일까

아쉬움이 남아 있을 때
놓을 수 있는 용기로
갈무리 잘 하자

방전된 배터리

맹추위에도 끄떡없는
사철 푸른 청춘
당당한 꿈이었다
폭설에 눈보라 쳐도
겁나지 않았던 패기
반드시 봄은 다시 온다

언제까지나 꽃을 피울 줄
알았던 열정의 시간
조금씩 빠져나가는
무기력 어느 날 방전된 배터리처럼
힘도 열정도 식은 차 맛이다

핸드폰 충전기처럼
젊은 청춘도 충전할 수
있었으면
더 멋진 연기 주인공이
되어 걸작을 그려 보고 싶다

늦가을 햇살

스산한 찬바람에
가로수 잎들 버티지 못하고
쥔 손을 풀고 맙니다
나뒹구는 잎들
눈길 주는 이 없습니다
힘 없는 뒷방 사람 같습니다

별이 잠들 때까지
여명과 줄다리기 하고
맑은 햇살 한 움큼에
감사 기도를 합니다

엄마 품 파고드는
배고픈 아이처럼
늦가을 햇살이 반가운 친구입니다
배불리 먹고도 허기를 느끼는
영양 불균형 같음은
깊어진 가을 서늘한
바람 때문일까

다시 봄

처마 밑 얼기설기 지어 놓은
제비집 덩그러니 춥다
헝클어진 곱슬머리
바람결에 헛 손사래를 친다

너와 나의 마음이 시리다
아무런 약속도 증표도
없이 떠난 철새처럼
아쉬움도 없이
굽어진 등만 보인다

휑한 화단에 철 지나
피어 있는 장미꽃 몇 송이
서리 맞고도 꿋꿋이
피어 미소를 보낸다

그 속에서 다시 봄이
잉태하고 있다

그녀와의 만남

모습도 성향도
빨강 파랑이다
아이러니한 조화
마음의 눈은 하모니다

비바람에
가지가 흔들려도
뿌리는 깊다
강력한 지진이
흔들어 대도
뽑히지 않는 반석이다

반석 위 견고한 성
끄떡없다
여름날 시원한
생수다

그녀와의 만남이다

시절 지나니

뜨거운 여름날
북적였던 작은 공원
찬 서리에 떨어진 낙엽
인기 떨어진 배우처럼
벤치에 쓸쓸히 놓여 있다

뜨거운 햇볕에
살갗이 데일 것 같았던 돌 벤치
얼음장같이 섬뜩하다
며칠 사이에도
세 살배기 아이처럼 변덕스러운 날씨
단풍으로 물들어 가는
세월에 몸도 마음도 변해 간다

자꾸만 뒷걸음치는 행동
손에 들고 찾는 핸드폰
나뒹구는 낙엽이
희끗희끗 머리 위에 앉아 있다

아이 젖 먹이던 행복
자식들 뒷바라지에
밤낮없이 바빴던 고단함
자식들 짝 맞춰 분가시키고 나니

철 지난 벤치 위에
덩그러니 떨어져 있는
낙엽 같은 빈 껍데기
내가 있다

노방 전도

9호선 전철 종착역
중앙보훈병원역
서울이지만 소박한
시골 풍경처럼 정겹다
도로 옆 밭에 심어놓
무 배추 상추 쪽파
갖은 채소가 발걸음을 잡아당긴다

길옆 작은 벤치에서
농익은 가을 정취에 취해
사색에 잠겼다

“예수 믿고 구원
받으세요”

중년의 아줌마 노방 전도다
살짝 미소와 목례를 했다

선교사님이세요?

목사님 사모님이세요?

묻고는 내 대답도
듣지 않고 총총히 사라진다
속으로 웃었다
나의 어떤 모습이
그렇게 보였을까

예수 향기를 풍기며
살려는 속마음이지만
부끄러움과 기쁜 마음이
교차한다

노년의 완숙미 인격의
향기 뿜뿜 나는 우아하게
익어 가고 싶다

어머니 길

아궁이 앞에서
풍무질하시던 어머니
젖은 솔가지 매운 연기에
삶의 설움 삭이며
흘리는 눈물

훌쩍이며 팽하고
콧물을 쏟아 내며
풀었던 그 마음
어머니 그 마음이
내 마음입니다

자식들 뒷바라지하고
짝 맺어 주고 나면
할 일 다 한 줄 알았는데
더 큰 고개 끝이 없습니다

구부러진 허리로
고갯길을 쉬지 않고

가야만 하는 길이
어머니 길입니다

내 자식은 내 모습
내 자리에서 자식의
자식에게 또 그 길을
걸어가겠지요

저울

헬스를 시작
몇 달이 지나
중년 뱃살이 빠지고
원피스를 입던 날

처녀 시절 맵시 내던
그때가 떠올라 피식
웃음이 난다

저울추가 흔들리며
칭찬하는 것 같다
어둠 속에서 더듬거리며
무겁게 흔들리던 마음
사계절을 올린 듯한
무거운 갈등

아직도 나는
저울추의 눈금과
실랑이를 한다

가르마

올곧은 사감 선생님 같은
가르마
거울 앞에서 깜짝 놀란다
중년의 어머니가 나를
보고 있는 것이다

쪽 찐 머리 피마자기름을
발라 반질반질 정갈한
어머니 모습이 내 모습이다

이마의 주름살
세월의 무게만큼 골을 만들고
오지 않을 것 같았던 노년
흰머리가 더 선명하다

어머니!
벌써 여기까지 왔네요
순리 앞에 멍하니
거울만 봅니다

용궁 속 왕비

강원도 골 깊은 산자락
심마니가 찾는 보물섬 같은 곳
짝 잃은 새들이 짝을 찾아
사랑 나누는 보금자리
바람도 쉬어 가며 잠자는 곳

보리수가 빨갛게 익어 가고
에덴동산 선악과처럼
보암직도 먹음직도 하다

앞이 훤히 보이는 풍경
무릉도원에서
산신령처럼 발아래 세상이다

하늘을 보니 깊은 푸른 바다다

둘러싸인 숲은 바람막이고
빨강 지붕 아담한 집
바다 속 용궁이다

큰 나무들은 용왕을
지키는 무사들 같고
작은 풀들 시중드는
시녀들처럼 바람에
동서남북으로 바쁘다

용궁 속 왕비이고 싶다

행복 소환

사랑 하나면
겁날 것 없었던 청춘
마음 하나 믿고 출발한
새 보금자리

무지하고 미숙하여
시행착오와
비빌 언덕 없는 고달픈 삶은
큰아들 생후 5개월

가장의 무거운 짐은
전쟁터인 이라크 해외
돈벌이로 생이별을 했다

남편의 빈자리
추운 긴 겨울밤마다
품에 꼭 안고 그리움과
고단함을 삭였던 그때

나의 전부였고 기쁨이고
행복이었다

그 아들이 아들을 낳아
아버지여도 여전히 그
아들이다

젖 먹으며 날리던
천사 같은 아들의
미소가 떠올라
그 행복 소환하며
그 시간에 머물고 싶다

흔드는 바람

늦은 가을 겨울을
재촉하는 비
바람까지 불어 댄다
가로수 은행잎 수북이 떨어져
무덤처럼 쌓여 있다

진한 녹음 뽐내며
늠름히 청춘 같았던
패기는 온데간데없다

쓰레기 봉지에 구겨지는 잎
세월 이기지 못하고
스러져 가는 노인 같다
영화롭던 시절도
자꾸만 실수하는 인지능력

솔로몬의 잠언처럼
모는 것이 헛되고 헛되도다
빈손이 시리다

걸작품

세상을 흔드는
권력자가 아니어도
세기에 하나 나오는
걸출한 작품을
그리는 화가가 아니어도

베토벤같이 세상 모든
사람을 감동시키는
음악가가 아니어도
스티브 잡스처럼 경제를
쥐락펴락하는 재력가가 아니어도
섬세하고 다정다감하고
작은 것에 아이처럼 웃어 주며

엄마 좋아하는 것 챙겨 주고
손잡고 같이 걸으며
소박한 삶에 감사하는 아들
세상에서 가장 잘 만든
엄마의 최고 걸작품이란다

행복한 만찬

쫓기며 사는 시간
수라상처럼 여유롭게
먹어 본 기억이 없다
같은 하늘 보며 사는
지척인 친구 집을
가는 것도 긴 여행 같은
방문이다

한 해가 저무는 연말
고교 친구 집을 숙제처럼 갔다
귀한 손님맞이처럼
차려 놓은 한 상 가득
벅찬 감동이다

곤드레 나물 달짝지근한 노지 시금치
고기보다 으뜸인 더덕구이 두부조림
손이 많이 가는 해물 동그랑땡
전문가 못지않은 맛깔스런 맛이다

너그러움 배려가 몸에 밴
사랑이 많은 친구다

친정집 어머니가 차려 준
밥상 같은 마음이 배부른
행복한 만찬이다

선물

자연이 살아 숨쉬는 속초 명소
웅장한 울산바위가 한눈에 들어오는 곳
좌측 작은 저수지
아침 햇살에 반짝이는 물비늘
마음을 온통 뺏긴다

치마폭 같은 골마다
우아한 자태 뽐내며 장관을 이룬다

마법의 성처럼 뾰족뾰족
자욱한 운무 속에서
신선이 내려와 쉬는 것 같다
간간이 달리는 자동차
바람 소리 자연의 하모니를 이룬다

꿈꾸는 노년의 여정
매일 아침 자연과
눈 맞춤하며 교감하며
시를 쓰고 싶다

해피박스

교회에서 해마다
성탄의 기쁨을 나누는 행사로
예수님 사랑을 전한다

소외받고 외로운 이들에게 사랑과
관심이 배고픈 이들에게
정을 배달한다

작은 마음들을 모아 모아
선물 꾸러미와 훈훈한 마음으로
가슴을 데워 주는 해피박스

영양실조 같은 헛헛한 마음에
알부민 영양제 같은 해피박스

작은 사랑으로
고독사 없는 세상
꿈꾸어 본다

산은 산 물은 물

가을걷이가 끝난
들판 황량하다
앙상한 나무
무성했던 시절
속앓이도 그리움이다

아낌없이 다 주고도
장승처럼 자리를 지킨다

찬서리에도 흔들림 없이
희망을 품은 견고한
나이테를 만들어 간다

인고의 세월
큰 그늘 만들고
지친 나그네
굽은 등을 보듬고
달빛을 마중한다

그 바람이 그립다

야속한 시간은 겨울이다
겨울 찬바람이 미울 법도 한데
아직도 가끔은
그 바람이 그립다

폐 깊숙이 싸하게 스미는
찬 공기가
흐릿한 정신을 깨운다

머릿속을
하얗게 비우는 시간들
눈꽃 송이 되어
소복이 쌓인다

그 바람에
여전히 흔들리는 상념들
그리움이
봉긋한 무덤이 된다

포장지 속 나

예쁜 그림 리본까지
매단 선물 포장
시선을 사로잡는다
마음을 빼앗을 수 있는
화려함이다

포장지 속 물건
보이지 않는 선물
화려한 포장지는
두려움을 감춘다

세상이 정해 준 기준
세상이 원하는 기준
나름의 포장이 견고하다

떨고 있는 내면
불안과 외로움 감춘 채
더 화려한 포장을 한다

세미한 음성
너는 나에게 특별하단다
내가 너를 안단다
내가 너와 교제하고 싶단다

포장을 과감히 뜯는다
깊은 포옹에 감사의
뜨거운 눈물이다

겨울 문턱에서

지난 세월 돌아보면
쏜 화살 같은 세월이다
지난 세월 되새겨 보면
길고 긴 터널 같은 세월이다
겨울 문턱에서 앞날을
생각하면 아침 햇살에
스러지는 안개 같은 세월이다

더디 간 세월을 재촉하며
파랑새 꿈꾸던 시절이
산허리에 걸려 있는 그림자 같다

겨울로 들어선 계절 앞에
엄마 치맛자락 붙잡고
보채는 아이 심정이다

깊이깊이 감춰 둔 보석처럼
멀리멀리 반짝이는 보석 같은
여정이고 싶다

제 4 부

비 오는 날 수채화

고즈넉한 분위기에
로망스 선율이 손끝을 타고
가슴에 불 지핀다
얼어붙은 그리움
봄눈 녹듯이 녹아내리고

겨울 꽃

마당에 머무는
바람 햇살이 반갑다
잠깐 동안 스치는 바람이
살갑게 애교 떠는 막내딸 같다

소싯적 추억들이
바람 속에서 연인처럼 속삭인다
꿈꾸던 청춘의 방황도
오랜만에 만나는 고향 친구 같다

짝꿍과의 갈등이
놓쳐 버린 기차 같다
성장한 자식의 자립도
색 바랜 연애편지처럼 그립다

한파 속에서도
꽃 피우는 겨울 꽃처럼
소망의 새싹을 틔운다

봄날 스케치

완연한 봄기운
상큼한 실바람
딸기향처럼 은은하다

병풍 같은 산으로
둘러싸인 호수 둘레길이
웨딩마차 길처럼 펼쳐 있다

맑은 하늘
솜털구름 노닐고

팔짱을 끼고
소곤소곤 거니는 두 사람
가끔씩 번지는 미소
다 가진 자의 여유 같다

긴 여행길
양탄자 깐 행진의
소망을 우주에 올린다

파란 불

번화한 오거리 교차로
차들이 신참 훈련병처럼
줄지어 서 있다

파란 불 신호
중년쯤 보이는 남자
지팡이 짚고
걸음마 시작하는
아기걸음으로 달리듯이
흔들리며 종종치지만
반도 못갔는데 바뀐 빨간 불

불안한 몸놀림
차들이 기다려 준 덕에
간신히 건넌 긴 거리
짧은 30초

첫손녀를 보러 다녔던 때
30초 신호등이 길게 느껴져 불평했던 일

사랑에 콩깍지가 씌워지면
비상식이 상식이 된다

몸이 불편한 이에겐
너무나 짧은 30초
미안한 마음에 그를 위한
기도를 올린다

소나기

유람하는 나그네
인가 없는 먼 길을
가고 있다
작은 돛단배에
몸을 맡긴다

순풍하는 돛단배
소슬바람에 눈꺼풀이
내려앉는다

솜털구름 유유자적
대궐도 짓고
다정히 손잡고 소풍 간다

호랑이 장가가는 날
소나기 한바탕

우산 없는 나그네

피우지 못한 꽃

담이 높다
그늘진 곳 햇살이
앉을 자리가 없다
황무지 같은 화단에
싹을 틔운 야생화
발자국 소리가 그립다

아사 같은 갈증
버림받은 무관심
표정을 감출 수 있는
어둠이 더 좋다
고독이 즐겨 입는 평복이다

합세한 이상 기온으로
꽃망울도 맺지 못했는데
돌덩이 같은 우박이 내려
고개를 떨군다
다음 생은 잘 가꾼 정원에서
탐스러운 꽃 피우는 환생을

공원의 하모니

이른 봄 오후
나뭇가지 잎망울
봉긋봉긋 물 머금고
따사로운 햇살의 유혹

유모차, 자전거, 씽씽이
아이, 엄마, 아빠, 할머니, 할아버지 총 나들이
잔칫집처럼 북적인다

미끄럼 암벽을 타는
아이들 천진난만이
춤을 춘다

아이 속살 같은
하얀 솜사탕
달달한 행복 입 안 가득

강아지 복실이도
덩달아 즐겁다

한쪽에선 배구 경기
국가 대표 경기처럼
함성이 치열하다

나무 아래 벤치에선
소풍 나온 가족 웃음소리
김밥 잔치
학교 운동회 날 같다

시간을 잊은 채
행복 하모니가
공원 가득하다

청춘 열차

봄 햇살이 살가운
딸처럼 비빈다
꽉 낀 청바지에
배낭은 아니어도

운동화 끈 동여매고
소풍 가는 마음으로
청춘 열차에 몸을 싣는다

삶은 계란이요
작은 손수레에 먹거리를 파는
역무원 소리가
들리는 것 같다

마주 앉은 청춘들의
눈빛이 빛나던 눈동자
설렘으로 날밤을 새워도
초롱초롱하던 눈

돋보기를 써야만 하는
겨울 문턱에서도
그 설렘은 미소가 번진다

창밖에 보이는 풍경들이
더 아름답게 보이는 청춘열차
재잘대는 손녀 같다

부화

금 같은 시간
자투리 시간도 아까워
촘촘한 스케줄
방탄 같은 일상 사십여 년

겨울 문턱에서 찾은 여유
통하는 벗과 가슴 풀어놓고
행복한 수다
시간도 잊은 채 끝이 없다

생활 수단으로만 굴리던 중고 자동차
삼십여 년 만에 처음으로
내게 온 새 자동차
생애 첫 내 집 마련 같은 벅찬 기쁨이다

껍질을 깨고 부화하는
생명처럼 틀에 박힌
자아에서 부화한 나
기립 박수 쳐주고 싶다

광야 꽃

빛이 들지 않는 곳 시멘트 포장
갈라진 틈 사이에
한 무더기 제비꽃
환하게 웃고 있다

보살핌 자양분도 없다
당당한 그녀 닮은
모습이 경이롭고 아프다

가녀린 꽃대
심지 깊은 자존심
흔들림 없다
가끔씩 실바람 흔들면
발레리나 몸짓으로
무희를 즐긴다

사막의 광야일지라도
제비꽃 같은 꽃을
피우리라 다짐해 본다

초원을 꿈꾸다

만우절 같은 새 보금자리
여자로 태어나 지아비
보호와 사랑 속에 견고한
둥지를 소망했지만

가장 같은 삶을 산
지난 세월 영화 필름 되어
바다의 풍랑같이 출렁인다

서투른 파도타기는
짠물을 잔뜩 먹고
허우적거리기도 했다

항해만 하던 삶에서
보물섬 같은 새 보금자리 첫 밤

남은 계절은
아담과 이브의
에덴동산을 꿈꾼다

걸어 잠근 빗장

고층 브랜드 아파트
동서로 지름길이 있다
잘 꾸며 놓은 조경
오가는 발걸음을 붙잡고
행복한 미소를 짓게 하는 이웃들
힐링 정원이다

생각 없이 갔던 길
외부인 출입 금지 빨간 글씨
성을 지키는 병사 같다
디지털 도어 화면
차별 받은 얼굴 모습이다

울타리 안
우리만 밟아야 하는 금지 구역
너와 내가 함께 걸을 수 있는
쉼터가 그리운 세상
걸어 잠근 빗장 낮은 싸리문 마당이
보이는 고향 집이 그립다

행복 전력

사십년지기 보약 같은
세 친구와 2박 3일
통 큰 여행 순천만 국가정원

하얀 쌀밥 같은 친구 현심
영양 듬뿍 영양밥 같은 친구 인순
맛깔스런 김치 같은 친구 순희

어르신 나이가 되니
방종이 아닌 자유
초딩 마음으로 소풍

순천만 국가정원
나로호 발사 전망대
구례 산수유마을
곡성 기차마을
감탄사가 폭포수처럼 쏟아진다

구례 자연드림파크 숙소
치킨과 막걸리 야식 파티
덕담 한마디씩 노년을
잘 익어 가기 위하여 건배!

구수한 참기름 같은
수다가 끝이 없다

웃음이 방 안 가득
막걸리 한 잔의 파티
1000 킬로와트
행복 전력을 출력한다

눈인사

새 보금자리 시골
첫날 아침
아파트 높은 곳에서
창을 연다
보약 같은 녹색 공기
폐 깊숙이 쌓인
찌꺼기까지 방출한다

멀리 방패 같은 큰 산
품 안 자식 같은 낮은 산
4월의 연초록이
눈 안 가득 정화한다

작은 탁자에 앉아
작은며느리 체취가
묻어 있는 꽃잔에
연한 모닝커피 나만의
유토피아 같은 행복을
맛본다

바쁘게만 살아온 날들
보상받는 느낌이다
스크린 장면처럼
스쳐 가는 흔적마다
한마디씩 격려한다

열심히 잘 살았다고
이제 미안해하지 말고
자신만을 위한 행복을
꿈꾸어도 된다고!

신세계

코인 빨래방
문명이 준 신직업
발로 밟아 빨던 이불
처음 문명의 혜택을 이용해 본다

한참 헤매다 젊은이의 도움으로
시작 버튼까지
디지털 다른 세상에 온 느낌이다

일상의 빨랫감까지
들고 오는 젊은 남자들
여자의 몫으로만 알고
살았던 빨래
이색적인 풍경화를
본 느낌이다

신세계 문명들이
어설픈 초년생 살림
시작 같다

아브라함 고뇌

고향보다 더 고향
스무 살에 발 디뎌
어르신 나이
희로애락이 무덤처럼
자리한 부평
분신처럼 깊은 정
천륜 같았다

노년의 전원 꿈
강원도 이주
아브라함 마음이
전해 온다
설레임 두려움
속마음이 요동친다

미지의 신세계
유토피아를 꿈꾸듯
장미 정원 탐스런
꽃을 피우고 싶다

피톤치드

이사 온 지 일주일
낯선 풍경 사람
아기가 엄마를 알아가듯
한 계절이 흐른 시간 같다

물갈이로 배앓이
이국땅에 온 것처럼
처음 배우는 글 같다

신앙 안에서의 인연
혈연 같은 따뜻함
따뜻한 아랫목이다

맑게 물든 단풍잎 같은
인품이 묻어 있는
처음 만난 여사님

맛있는 빵을 사 주고 싶다며
돈 쓸 수 있는 기회를 달라고

사양을 이기는 사랑에
천국에 온 거 같다
이기심이 팽배한 세상
이런 인품이
세상을 이끄는 지렛대이다

컬컬한 가슴에
숲속 피톤치드가 풍부한
보약 같은 산소를 깊이
저장한 아름다운 날이다

소원지

신선이 살 것 같은
바닥 모래알을 셀 수
있을 것 같은 일급수
폭포수처럼 흐른다

여름철 냉장고처럼
시원한 공기
경이로운 자연 탄성!
연발이다

햇살을 온몸으로 받는
명당 터에 자리 잡은 청평사 마당
둥그런 울타리
새끼줄로 만든 피라미드
모양 소원지

금액을 적어 접수 후
소원지를 걸라는 안내판이
하얀 화선지에

먹물이 튀긴 망가진 그림 같다

천혜의 혜택을 받고
자리한 절터에
중생들의 희로애락을 담아
소원지를 매달 수 있었으면 하는 바램

무릉도원에서 오감을
맛보고 싶은 소망을
걸어 본다

새벽 기도

새벽이 되어서야
잠자리에 들었던 치열한 일상
엄두도 못 내던 새벽 예배
첫 시간을 드리는 정성
엄마의 약손

까칠한 엄마 손 뿌리치는 아들
옹이가 되어 가슴을 누른다

새벽 제단에 올린다
눈물이 번제가 되고
그 불길로 언 가슴을
흐르게 해 주시기를
빚처럼 남아 있는 미안함
가시가 되어 후비는 상처

깨끗한 보자기에
정성 눈물 담아
번제를 올린다

침묵이 대답

눈 안에 들어온 성
작은 창문 하나
금지된 세상이다

안내판이 없다
잠겨진 문
침묵이 대답이다
작은 창으로 보이는
실루엣 흐느적거린다

던져 버린 열쇠
잠긴 자물쇠
산화되어 벌겋다

세월이 잠든다
사연도 잠든다

출입 금지 금줄이
출렁인다

바위에 사는 나무

널따란 바위 위
뿌리가 다 드러난 채
살아 있는 나무 경이롭다
한 줌의 흙도 없는 바위
강인한 생명력 마음이 아려 온다

뼛속까지 시리는 고통
온몸으로 맞아야 하는 시련
십자가를 지고 가는
골고다 언덕에서의
예수님이 떠오른다

목마르다 부르짖는
예수님!

바위 위에서 꿋꿋이
잎을 피우는 나무 앞에서
연약한 자아가 부끄럽다

비 오는 날 수채화

어제부터 내린 비가
오늘까지 대지를 흠뻑 적신다
늦은 아침을 황제처럼 먹고
떨어지는 물방울에
두고 온 그리움 세어 본다

멀리 보이는 물안개
회색 지대를 이룬 미지의 세상
물먹은 나무들 충만한 감사
흔들흔들 춤춘다

고즈넉한 분위기에
로망스 선율이 손끝을 타고
가슴에 불 지핀다
얼어붙은 그리움
봄눈 녹듯이 녹아내리고

나무에 전하는 말
나무야 나무야 내 마음
술 취한 듯 갈지자 그림이구나

_ 응원의 글 _

김민경 詩人이 일상생활 속에서 체험하고 느낀 감상을 모아 제4시집 『산허리에 걸린 그림자』를 상재했다. 그의 詩는 언어라는 바탕 위에 기독교 세계관을 갖고, 선교의 봉사활동으로 사랑을 실천하며 느낀 감상을 이미지로 형상화했다. 또한, 삶의 현장에서 체득한 지혜로 그리움이 묻어나고, 많은 군중 속에서도 고독이 넘쳐나는 시구를 찾아 감각적으로 표현한 언어의 향기가 무척 곱고 아름답다. 매우 의미 있는 詩를 쓰는 시 솜씨가 언어를 배합하는 연출사 같다.

– 한국문학人신문 기자 겸 시인 장동석

김민경 시인의 작품에서 나타나는 시상의 뿌리가 일상의 생활에서 연유하여 과장 없이 소박하듯 생각의 명료함과 말의 정연함을 대화를 나눠 본 이들은 느끼고 남을 것입니다. 확장되지 않는 사유와 부족한 표현의 재주에 글 쓰기가 두려운 요즘, 활발한 시작(詩作)으로 나만 즐기는 시작이 아니라 독자들이 전국 방방곡곡에서 낭송할 만한 시 한 편 창작하시고, 현실을 보는 관리자가 아닌 현실을 보며 미래도 꿈꾸는 시인이 되어 언젠가 한국 문단의 모서리 주춧돌로 확장하기를 바랍니다.

– 사상과문학작가회 대표회장 정지홍

김민경 네 번째 시집 『산허리에 걸린 그림자』 출판을 축하하며 삶과 인생을 감돌아가는 '산허리 그림자' 처럼 어쩌면 세월처럼 흐르는 시냇물과 만나는 강물처럼 끊임없는 생각들을 다듬어 모은 보물상자 속의 수정체일 거야. 청순한 소녀의 꿈들을 모아 '산허리에 걸린 그림자에' 포근히 매달려 안긴 뽀얀 안개를 벗어난 산뜻함이 더욱 아름다움의 덩어리로 남을 거야. 청솔 이쁜이가 쓰는 글은 삶의 자체이고 지난 과정과 오늘 다시 내일의 꿈 희망을 심는 표현으로 확신하면서 축하하는 거야.

– 초등학교 은사 강환두

『산허리에 걸린 그림자』 출간을 축하하며 청솔 김민경 시인과의 인연은 50여 년 전 시골의 초등학교 5학년 담임교사 때부터였다. 그녀의 고향 동네 이름은 '윗 보리밭' 이었다. 용모 단정하며 예쁘장한 얼굴에 순박했고 학급의 리더였다. 학교 길은 산모롱이 돌고 돌아 산 고개를 넘어오는 십 리 길이었다. 동네 이름만큼이나 청순하고 소박한 들길과 산길을 오가며 소녀적 시심(詩心)을 키웠을까. 청출어람(靑出於藍)이라 했다. 꾸준히 정진하여 시 문단의 큰 별이 되기를 기대한다.

– 초등학교 은사 김진양

김민경 시인의 4시집 『산허리에 걸린 그림자』를 출간하게 됨을 진심으로 축하하며 잊지 않고 이 순간을 같이할 수 있는 기회를 준 시인께 감사드립니다. 첫 부임지에서 만난 시인은 키 크고 공부 잘 하는 믿음직한 맏언니 같았는데 세월이 흘러 훌륭한 시인으로 성장함이 대견하고 기쁩니다. 섬진강이 흐르는 아름다운 곳에서 자연과 더불어 유년기를 보낸 시인의 풍부한 감성과 경험이 자양분이 되어 시인으로 우뚝 서게 한 것 같습니다. 앞으로 사람들에게 감동을 주는 시인이 되기 바랍니다.

– 초등학교 은사 구영자

쉽고 고운 시어로 큰 감동을 주시는 아름다운 시인 김민경 님.

김민경 시인의 도전하는 삶 속에 일어나는 모든 일이 시가 되었습니다. 생활 속 평범한 일들이 김 시인님의 섬세한 감성으로 새로운 생명을 불어넣으면 아주 특별한 현상으로 바뀌지요. 늘 베풀고 나누는 삶, 이웃을 돌보며 주변 사람들과의 관계도 사랑이 가득합니다. 김민경 시인님, 네 번째 시집 『산허리에 걸린 그림자』 출간을 축하합니다.

– 언니 정경애 시인

『산허리에 걸린 그림자』 발간을 기뻐하며– 나는 한 여자를 알고 있습니다. 그녀의 이름은 청솔입니다. 靑率, 푸른색은 그녀를 이루는 바탕이며 자꾸자꾸 번져 일상이 시가 되는 이유입니다. 신앙의 성찰이 깊은 그 구심점으로 자신을 다스리고 골수에 스미는 신산함을 시로 풀어냅니다. 시는 나직하고 잔잔하며 울림이 깊습니다. 네 번째 시집 『산허리에 걸린 그림자』 발간을 축하합니다. 시에 함몰하여 시의 계단을 조신하게 밟아 오르는 靑率의 시가 사계절 내내 푸르게 빛나길 마음 모읍니다.

– 친구 이명옥 시인

네 번째 시집 『산허리에 걸린 그림자』 발간을 축하합니다. 김민경 시인은 평범한 삶의 주변과 마음의 고향인 자연과 꽃들의 섭리를 소박하고 담백한 시정으로 그 진수를 깨닫게 해 줍니다. 또 그가 숨 가쁘게 살아온 세월이 보이고 삶의 굽이굽이가 산줄기처럼 물결치는 것이 보입니다. 그만의 특유한 인간미와 순수한 심성이 스며 있음을 느끼게도 합니다. 김 시인의 詩들이 오늘을 살아가는 우리들의 고단하고 피폐해진 심신을 치유할 수 있는 쾌도난마의 한 서슬이 되기를 바라 마지않습니다.

– 을지출판공사 대표 김효열

김민경 제4시집

산허리에 걸린 그림자

초판 인쇄 2024년 8월 13일
초판 발행 2024년 8월 20일

지은이 | 김민경
펴낸이 | 김효열
편 집 | 이미정
펴낸곳 | **을지출판공사**

등록번호 | 1985년 2월 14일 제2-741호
주 소 | 서울시 마포구 양화진길 41, 603호
우편번호 | 04083
대표전화 | 02) 334-4050
팩시밀리 | 02) 334-4010
전자우편 | ejp4050@daum.net

값 15,000원

ISBN 978-89-7566-241-6 03810